201-H

이광수 시집

# 201-H

## 시인의 말

버튼 누르는 폴더폰을 불편 없이 사용하고 있다.
 시대에 뒤떨어졌다고 바꾸라는 잔소리를 몇 번이나 들었다.
 카톡을 통한 집단적 대화 방식에 소외되어 밖에서 서성이는 경우가 많다. 그러나 대화에 끼지 못한다 해도 소외감에 대한 두려움은 없다. 그렇게 조금 떨어진 곳에 있다.
 지금은 디지털 시대이다.
 모든 전자기기는 기본이고 문화까지 디지털이라는 이름으로 불린다. 문자보다는 숫자로 존재한다. 0과 1이라는 숫자로 움직이는 현실을 자연스럽게 즐기고 있다. 우리는 세상을 문자로 기억하지만 우리에게 편리한 디지털 문화는 숫자로 기억되고 있다. 의식은 아직 아날로그 방식의 사고로부터 벗어나지 못하고 살아가고 있는데 현실은 디지털로 가득하다.

   세상이 디지털로 포장을 해도 밑바닥 우리 감성은 아날로그적 의식이 자리 잡고 있다. 현실적 삶에서 디지털 문화의 영향에서 벗어날 수는 없다. 디지털이 주는 편안, 정확, 신속을 포기할 수는 없다. 그러나 디지털 문화에 대한 믿음이 없는 반면에 아날로그 문화에 대한 애정이 있다. 급하지 않게 뒤지지도 않는 여유를 가지려고 한다.

   도시에서 지나치는 전철역 풍경을 담았다. 디지털 문화와 아날로그적 기억을 숫자, 규격과 상징으로 적었다. 종착역 없이 도는 일상 같은 서울 2호선 이미지와 개인적 기억을 넣었다. 한동안 하나의 대상을 붙잡고 있었던 낯선 작업이었다.

   숫자 그리고 규격화되는 현실 앞에서….

2015년 8월에
이광수

이광수 시집

□ 시인의 말

## 제1부 밀리오레

201 – 制 ——— 15
201 – H ——— 16
201 – 監 ——— 18
202 – 憎 ——— 20
202 – 明 ——— 21
202 – W ——— 22
203 – 常 ——— 24
203 – 奴 ——— 25
203 – C ——— 26
204 – 꿈 ——— 28
204 – 國 ——— 30
204 – L ——— 31
204 – M ——— 32
205 – 壞 ——— 33
205 – 未 ——— 34
205 – 風 ——— 35
206 – 당 ——— 36
206 – A ——— 37
206 – 中 ——— 38

201-H    이광수 시집

## 제2부 팩토리

43 ── 207 – 콩
44 ── 207 – 離
45 ── 207 – 길
46 ── 208 – 全
48 ── 208 – 移
50 ── 208 – 정
51 ── 209 – 名
52 ── 209 – 내
53 ── 209 – 祈
54 ── 210 – 景
55 ── 210 – 脚
56 ── 210 – 對
57 ── 211 – 몫
58 ── 211 – R
59 ── 211 – 滅
60 ── 212 – 樂
61 ── 212 – 志
62 ── 212 – 孤
63 ── 213 – 檢
64 ── 213 – f
65 ── 213 – 덫

이광수 시집   **201-H**

214 – t ——— 66
214 – L ——— 67
214 – 旅 ——— 68

### 제3부 로데오

215 – 터 ——— 71
215 – 歸 ——— 72
215 – 橋 ——— 73
215 – 떼 ——— 74
216 – 樓 ——— 75
216 – 園 ——— 76
216 – 困 ——— 77
216 – 傳 ——— 78
217 – 藝 ——— 79
217 – A ——— 80
217 – 閉 ——— 81
217 – 갇 ——— 82
217 – 廣 ——— 83
218 – 過 ——— 84
218 – 原 ——— 85
219 – 休 ——— 87

이광수 시집

| 88  | 219 – 凡 |
| 89  | 219 – 閒 |
| 90  | 219 – 꿈 |
| 91  | 219 – 論 |
| 92  | 219 – 想 |
| 93  | 220 – 追 |
| 94  | 220 – 별 |
| 95  | 220 – 樹 |
| 96  | 220 – 母 |
| 97  | 220 – 勸 |
| 98  | 220 – R |
| 99  | 220 – 出 |
| 100 | 221 – 金 |
| 101 | 221 – 별 |
| 102 | 221 – 특 |
| 103 | 222 – 街 |
| 104 | 222 – 名 |
| 105 | 222 – 길 |
| 106 | 222 – 惑 |
| 107 | 223 – 遠 |
| 108 | 223 – 辯 |
| 109 | 224 – 判 |
| 110 | 224 – 廳 |

이광수 시집

225 – 園 ——— 111
225 – 힘 ——— 112

## 제4부 디지털

226 – 界 ——— 115
226 – 꿈 ——— 116
226 – 집 ——— 117
226 – 離 ——— 118
227 – 人 ——— 119
227 – 길 ——— 120
227 – 星 ——— 121
228 – 入 ——— 122
229 – 빵 ——— 123
230 – 惑 ——— 124
230 – 법 ——— 125
231 – 婚 ——— 126
232 – D ——— 127
232 – F ——— 129
233 – 變 ——— 130
233 – 密 ——— 131
234 – 城 ——— 132

201-H　　　　　　　　　　　　　　　이광수 시집

134 ——— 235 - 忍
135 ——— 235 - 틈
136 ——— 236 - 憶
137 ——— 236 - 맘
138 ——— 237 - 望
139 ——— 237 - L
140 ——— 237 - 와

## 제5부 카페

143 ——— 238 - 情
144 ——— 238 - 信
145 ——— 239 - 紅
147 ——— 239 - 왜
148 ——— 240 - 熱
149 ——— 241 - W
150 ——— 242 - 憶
151 ——— 242 - S
153 ——— 242 - 陵
154 ——— 243 - 寂
155 ——— 243 - 懷
156 ——— 243 - 忠

제1부 밀리오레

광장은
행복해지고 싶은
하나의 얼굴이다

# 201 – 制

시청으로 가는 길
건널목을 지나야 한다
간수가
깃발 들고
사람을 막는다
깃발을 내리고
깃발을 올리고
가는 길을 막는다
가라면 가고
서라면 서야 한다

빨간 깃발로

# 201 – H

광장은
두 개의 얼굴이다

두 시쯤 햇살이 걸리면
분수대 물줄기는 높이 올라간다
아이들 마음은 더 높이 올라간다
햇살 피해
물줄기에 몸을 숨기며
까르르 까르르
숨바꼭질 놀이를 한다
엄마는 술래가 되어
아이를 찾아
카메라의 셔터를 누른다

시계가 어둠을 부르면
광장이 가로등을 켠다
잔디밭에 어른이 모여든다
스피커의 열정이
연단을 흔들어 댄다

같이 가자고
외로운 친구 없이
어울려 놀자고
가난한 이웃 없이
손잡고 같이 가자 노래한다

광장은
행복해지고 싶은
하나의 얼굴이다

## 201 – 監

시청 가는 길
숟가락은 넣고 가야 한다
거대 금융자본
은행의 본사들이 호위한다
초소 같은 빌딩에서
오는 사람들을 감시한다
옷을 체크하고
가방을 스크린한다
부자는 반기고
빈자의 길은 막는다

시청 가는 길
입은 다물고 가야 한다
공룡 같은 언론자본
신문사 건물들이 지키고 있다
사람들의 눈을 살핀다
서류를 확인하고
할 말은 정해 주며
하고 싶은 말은 마스크를 씌운다

검문소 거쳐
새로운 코디를 만나
분장하고 들어가야 한다

## 202 - 憎

나의 사랑은
롯데를 싫어한다
롯데 호텔에서 안 자고
롯데 시네마에서 안 보고
롯데 껌도 씹지도 않는다
롯데리아에서
싸게 햄버거를 팔아도
커피를 팔아도 가지 않는다
내 사랑은
비싸도 그 옆집으로 간다
덜 친절해도
그 옆집에서 먹고 마신다

## 202 – 明

하나의 빛이 생긴다
하나, 둘 빛이 모인다
사람들이 빛을 쫓아온다
하나 둘
그리고, 무리가 된다
빛만 있던 세상에
그림자가 길게 만들어진다
어둠이 생기고
그늘이 만들어진다
차별이 생기고
추위가 만들어진다
빛을 쫓아
사람들이 앞으로 달려든다
부러지고 피가 흐른다
온기는 사라지고 차가움이 밀려온다
빛은 쫓기고 어둠이 점령군이 된다

# 202 − W

물들기 쉽기에
흰 것들을 고집한다
한순간의 마음도
놓지 못하기에 하얀 옷을 입는다
잠시 한눈팔아도
한순간 곁눈질해도
순결함을 잃어버리고 만다
경계하는 마음만이
순백의 세상을 지켜낼 수 있다

눈에 잘 보여서
흰 것을 사랑한다
나태함은 쉽게 물들어
깊은 흔적을 남기고 간다
경계하기 위해 입는다
하나의 아픔도
놓치지 않으려고
흰색으로 무장하고 살아간다

아픔에 물들고
고통에 젖는 가운을 입는다

## 203 – 常

을지로는
좁은 골목길을 가졌다
골목에 매달린 간판이
지나가는 사람보다 많다
입·출력센터
실크 인쇄
실사 출력
낯선 어색함이 있다
생각하면 쉽게
우리의 눈과 마주치는
평범한 것들의 모습이다
버스 안에서
정류장에서

# 203 – 奴

산등성이 고운 햇살
눈부시어 기지개를 펴는데
덜컹덜컹
쇳덩어리가 기어 온다
철퍼덕 철퍼덕
보쌈하듯 매어 든다
아프리카 원주민처럼
도심 한가운데 팔려 왔다
빌딩 한 구석에
구덩이를 파고
굵은 철삿줄로 허리를 묶는다
바람이 손을 당겨
같이 가자 해도 움직일 수 없다
산등성이 햇살이
그립다 말하지도 못한다
이어폰 빠진 도시인에
따가운 햇살을 온몸으로 막는다
한 모금의 시원함을 건네주며
커피 속에 빠진 그들의 이야기를 듣는다

# 203 – C

종로에는
별다방, 콩다방
몇 걸음 옮길 때마다
커피 향을 흘려보낸다
을지로에는
조명 간판, 인쇄 간판, 타일 간판
인도 위를 가득 채운다
좁은 가게
상품 진열하다 보면
겨우, 한 몸 세울 곳 만드는데
어디서 차 마시고
어디서 이야기할까?

을지로에서는
커피를 놓고 앉지 않는다
예쁜 물건 앞에 놓고
튼튼한 물건 옆에 두고 이야기한다
가격을 묻고
수량을 확인하고

종이 위에 납품 날짜 적으며
돈만 건네면 끝나는
짧은 이야기가 오고 간다
커피 향기 퍼지는
긴 이야기는 만들지 않는다

을지로에는
커피향이 흐르지 않는다

## 204 – 꿈

한가로운 거리를
휴일이 걷고 있다
타일, 조명, 목재상
간판이 벽에 기대어 쉰다
문을 연 상점을 기웃거리다
직원과 눈인사를 주고받는다
마음을 열고
이것저것 가격을 묻는다
지금 살 물건도 아닌데
시골에 예쁜 집을 가지고 싶다
내 손으로 집을 짓고 싶다
조금 먼 일인데
바로 앞에 일처럼
예뻐서 웃고
향기로워서 킁킁거린다
톡톡, 튼튼하냐고 묻는다
옆에서 들리는
중년 부부의 집 짓는 이야기에
좋겠다가 먼저 나온다

미안한 얼굴로
'다음에 올게요' 인사와
행복했던 마음을 놓고 나온다

## 204 – 國

국가는
안전만 책임진다
나머지는 개인의 몫이다
생명은
시장의 쇼윈도 위에 진열된다
자본주의는
자유롭게 문을 열고 들어간다
자본주의 그림자는
망설이다 문을 열지도 못한다
책임, 회피다
아니다
고통 없는 자유는 존재하지 않는다
운명은 능력이다
그래도
마지못해
이름 하나 걸고
을지로에 서 있다
최고의 국가병원 국립의료원

## 204 − L

손으로 만들어진
모든 물건들이 있다
사람의 손으로
못 만드는 것이 없다
뜨거운 머리는
정교한 손가락으로
또 하나의 창조물을 만든다

방산시장

## 204 – M

동해 오징어
남해의 멸치가
좌판대 위에 산을 쌓는다
헤엄치던 시퍼런 열정은
바람에 식혀지고
햇볕에 덥혀지고
늘씬한 아가씨 되어 시선을 놓지 않는다
중부시장 아줌마 다가서며
귓속말로 유혹한다
"좋은 물건 있어요. 싸게 드릴게요!"

# 205 – 壞

건물이
시간을 무너뜨린다

70년대
한일전
애국심으로 가득했던 경기장
동대문 축구장이 무너졌다

80년대
고교 야구의
뜨거운 환호성이 춤추던
동대문 야구장이 사라졌다

추억만이
가슴속에 출렁인다

## 205 – 未

미련이다
미련한 미련이다
가버린지 얼만데
떠나지 못하고
마네킹을 세우고
매일 옷을 갈아입힌다
돌아오길 기다린다
함성은 떠나갔다
북적이던 거리는
길을 건너갔다
불러 봐도
웃어 봐도
시선은 멀어지고
마음만이 그리움 곁을 서성인다

## 205 – 風


햇볕이
사람을 잠들게 한다
젊음은
어둠을 일으켜 깨운다
야행성이 몸을 세운다
눈곱 떼고
큰 가방 메고
동대문시장으로 달려간다
러시아 아가씨
중국 아줌마도 모여든다
이국어가 손짓으로 떠다닌다
계산기에 숫자를 누르고
찡그리고, 웃고
챙겨 주고, 챙긴다
새 신랑이 신부 맞듯
눈 맞추고 입 맞춘다

시계는
열정을 밀어내지 못한다

## 206 – 당

성문 밖
큰 길에는
오색 천 끼운
새끼줄 두른 어른이 있다
떠나는 이
지켜봐 주던
따스한 눈빛 있다

성곽은
그 자리를 지키는데
인자하던 눈길은 사라졌다
고층 아파트가 시선을 묶는다
문 열면 계단
대문 나서면 아스팔트
낯선 모서리가 마음을 파고든다

## 206 – A

푸른 하늘이
파란 유리창을 세운다
수직으로 만나는
위태로운 공간에
콧수염의 몬테크리스토도
빨간 드레스의 카르멘도
가볍게 몸을 매단다
황토 저고리가 어울리는
통통한 아줌마도 몸을 매단다
한 사람의 눈길도
놓치고 못하는
정지된 시선이
고요한 거리를 나선다

## 206 - 中


바람이 벗기고
빗물이 씻겨 놓았다
허연 살을 드러낸
파란 간판이 시끄럽다
'국내 최대의 양곡도매시상'
중잉시장이 빌딩 사이
골목길에 위태로운 햇살을 받는다

논밭을 떠나
달구지에 실려
트럭에 쌓이고
기차에 던져져
달려왔던 세상의 중심이
시간에 억세게 떠밀려 간다

따뜻해야 하고
편히 잠들어야 한다
눈 먼 손이 음식을 찾고
감사 모르는 입이 오물거린다

지천이기에 소중함은 바람이다
자연이 주는 것이 당연함으로 물든다

제2부 팩토리

생존을 위해
행복을 누리려면
그냥, 받아들이면 된다

# 207 – 쿵

왕십리 가는 길
쿵!
간판 하나가
가슴에 떨어져 내린다
'채권 추심 전문 변호사'
법法,
얼마나 많은
얼굴을 가지고 있을까

## 207 – 離

다닥다닥
따개비 같던
인정이 묻혀 간다
왕십리는 가고
뉴타운이 밀려온다
어지럽던 전선들이
전선주에서 잘려 나간다
이리저리 구르던
가는 골목길이 파헤쳐진다
추억도
이야기도
폐기장으로 밀려간다
반들반들 기름만이
둥지를 틀고 부풀어 오른다

# 207 – 길

다람쥐가 달려가도 길이고
호랑이가 지나가도 길이 된다
발자국이 남고
자취가 이어지면
하나의 길이 만들어진다
자연의 길은
낙엽이 덮어 주고
바람이 쓸어 주기도 한다
사람의 길은
바람도 눈도 스쳐 간다
인도는 사라지고
차도가 넓어진다
차들의 세상이다
경주마처럼 달린다
신호등이 단단히 고삐를 잡는다

## 208 – 全

옥상에
철탑을 세운다
가지마다 눈을 틔운다
하나, 둘 그리고 천 개
눈동자는 흘러가고
세상의 모든 것들이 모인다
하나의 일도
밖으로 벗어날 수 없다
일거수일투족을
눈은 기억하여야 한다
생존을 위해
행복을 누리려면
그냥, 받아들이면 된다

지붕에
기둥을 세운다
가지마다 귀가 솟는다
한 개, 두 개 그리고 만 개
이야기가 떠돌아다닌다

귀는 쉼 없이 쫑긋대고
소리는 소리 없이 흘러든다
하나의 소곤거림도 놓치지 않는다
한 마디 한 구절이
귓속에 쌓여 간다
미소 지으며 살고
위험으로부터 벗어나려면
무심, 그렇게 보면 된다

## 208 – 移

3일만
비가 내렸으면 좋겠다
이삿짐 실은 트럭이
언덕배기 골목길을 내려오는 날
들어오는 차는 없고
나가는 행렬만이 이어지는 이곳
비어 가는 집들이
침묵으로 마중하는
왕십리에 비가 내렸으면 좋겠다
골목길 동무의 추억도
비에 젖어 스며들어 버리게
연탄불 지피던 어머니 모습도
빗물에 씻겨 버렸으면 좋겠다
굴삭기가 들어와
부수고 갈아엎기 전
땅속으로 잠들고
강으로 흘러갔으면 좋겠다
다시
뒤돌아보고

다시, 찾아오는
찾아내지 못하는 기억들을
다시, 뒤적거리는 마음이
가슴에 일어나지 않게
왕십리 떠나는 날
억수비가 내렸으면 좋겠다

## 208 – 정

여름
가로수 푸른 나무
푸릇푸릇 잎들이 흔들린다
'국대떡볶이' 간판이
목을 젖히며 얼굴을 내민다
엄마는 주문을 하고
아기를 안은 딸은
불판 위에 떡볶이를 본다
배낭 멘 아버지는
몇 걸음 뒤에서
딸에 가슴에 매달린
아기와 눈을 맞춘다
바라보는 곳이 달라도
사랑이 그들을 가둔다

# 209 - 名

세상이
이름을 강요한다
장소는 이름을 갖는다
시대의 풍경風景으로
시간의 풍속風俗으로
하나의 이름을 가진다
눈에 덮이고
비에 깎이지만
돌비석처럼 간직한다
비릿한 냄새조차
추억하지 못하는
사람들이 지나가도
자리를 지키며 산다
백 년 이백 년 그렇게
기억이 떠나갈 때까지
이름을 지킨다

누군가의 부름을 기다린다

# 209 – 내

곱게 뻗은 물길이다
모래톱도 없고
웅덩이도 없는
소리도 못하고
도시를 가로지른다
개구리가 있는
뱀이 살아가는 풀숲이 없다
콘크리트 조각들이
만들어낸 길을 따라 흐른다
물고기 몇 마리
위로위로 지느러미를 흔든다
햇살이 스며들지 못하고
소리 없이 뭍으로 밀린다

## 209 - 祈

시계가 밤 문을 연다
쪼그라든 발걸음이
주름진 얼굴을 데리고
천변으로 마실 나왔다
멈칫멈칫 가방 열어
비닐봉지 하나를 꺼낸다
막대 같은 손이
조심조심 묶음을 푼다
살며시, 쏟아내면
미꾸라지 몇 마리가 스며든다
잡히지 말고
오래오래 살라고
기도 모아 물속에 뿌린다
물빛에 낯선 얼굴
동그란 미소를 만든다

## 210 - 景

육십대 아저씨가
앉아서 기다린다
사십대 아줌마가
건널목에서 기다린다
이십대 청년이
파란불을 기다린다
머리 위에 철 구조물은
빠르게 기차를 실어 나른다
쏟아지는 햇볕은
불똥처럼 튕겨져 나간다
부스러기들이
둥근 교각 밑에 흩어진다
빨간불은 시간을 붙잡고
놓아줄 마음이 없어 보인다

## 210 – 脚

물이 고인다
철교가 얼굴을 비춘다
초췌한 모습
피곤한 골격이
침묵 속으로 잠겨 든다
무게가 시간을 깎으면
철길이 허연 속살을 보인다
교각 밑에 물길 내어
힘겨움 하나 식히며 간다

## 210 – 對


골격만 남은 건물이
악어 같은 굴삭기와 대치중이다
으르렁대며
서로의 급소를 노린다
앙상한 건물이
결전의 눈빛으로 맞선다
공포가 달려들고
포악한 이빨 사이로
허연 살점이 흘러내린다

## 211 – 못

이정표는
영동대교를 손짓한다
강 건너 강남이다
다리 너머 8학군이다
아직,
빨간 벽돌 단층 건물이
두꺼운 철문을 매달고 산다
쇠 깎는 소리
프레스 웅웅거림이
뛰어나와 거리를 다닌다
물 건너
빌딩 숲에는 햇살이 휴식 중이다
강물은
계급을 나누지 않고
귀천을 구별하지 않는다

다리는 건너지만
강물은 끊이지 않고 남북을 가른다

# 211 – R

담쟁이가
기어오르지 않는
예쁜 돌담도 없는
붉은 벽돌 건물이 있다
아이빔*이 벽을 차고 나가고
기름때가 번들거리는 건물이 있다
비가 스며들고
바람이 제멋대로 들락거리는
인도 옆에 빨간 벽돌집이 있다
무거운 철문이 있다
녹슨 자물쇠가 매달려 있다

※아이빔: 철 구조물로 단면이 I 모양으로 된 보

## 211 – 滅

교각 밑
빨간 벽돌 건물이
사마귀에 잡힌 벌레같이
굴삭기에 먹혀 간다
찢겨지는 아픔마저
쏟아지는 물줄기에
소리 없이 지하로 스며든다
시골 청년의 꿈이 흩어진다
시골 처녀의 땀방울이 지워진다
시간의 포대기에 싸여
힘겨웠던 이야기가 사라져 간다

## 212 – 樂


어둠이 장막이 되면
간판들이 종알종알 시끄럽다
빨간, 파란불이 켜진다

어둠이 발목 적시면
배고픈 아이들이 달려온다
외로운 사람들이 몰려든다

가방 메고 백을 안고
하하 호호 모여든다
드르렁 덜컹 자리를 찾는다

## 212 – 志

시간은
피를 차갑게 한다
시계는
가슴을 싱겁게 한다
불평등한 청춘을
가슴으로 맞서고
온몸으로 부딪친다
청춘을 부정함에
피를 뜨겁게 덥히면
가슴이 열정으로 두근거린다
"김지하 석좌교수 '세상 창조학'"
어느 무덤에서 피어난 꽃인가?

## 212 – 孤

수의과 대학
동물병원 앞
할머니 둘이
의자를 치마로 덮고
검버섯 얼굴 위로
하얀 이야기를 흘린다
눈에 촉촉한 기도를 담고
움켜쥔 손은 간절함을 심는다

자식같이
외로움을 쫓아주는 그를 위해

## 213 – 檢

150m
직진
동부법원·검찰청

돌아가고 싶은 길
가고 싶지 않은
평생
만나고 싶지 않은 길

그래도,
이정표는 직진이다

## 213 – f

권력은
탑을 세운다
하늘이 내리는
이야기를 독점한다
하늘을 나는
정보를 독식한다
탑의 주인만이
소식을 주고 받는다
탑이 없는 사람은
TV 속 세상만을 믿는다
알록달록 색채가
달콤한 목소리가 흐르는
하루짜리 유토피아에 살아간다

탑! 하나 없어서

# 213 – 덫


한 걸음도 생각하고 걸어야 한다
무식한 발길은 그물에 걸려든다
포수가 없으면 끊고 달아나면 그만이다
포수에 걸리면 싸늘한 총구가 보인다

한 생각도 계산하고 말해야 한다
초소가 없으면 울타리 넘어
풀도 만나고 나비를 따라갈 수도 있다
초병을 만나면
허리에 찬 법전을 꺼내들며
차가운 수갑을 만지작거리며 너를 세울 수 있다

한 걸음 한 생각
가두리의 고기처럼
느릿느릿 지느러미를 움직이며
포동포동 살쪄야 한다

## 214 − t

언제 상처인가
아직,
다물어지지 못하고
시커멓게 썩는 허연 속살을 보인다
이렇게 오랜 시간
고여 들어 흔들 줄 몰랐다
잠시만 참으면
새살 채워 밋밋하게 살아갈 줄 알았다
바람이 부스러기를 담는다

## 214 - L


함 팔러 가는 날
이천행 버스를 기다리다
천 원 지폐 한 장 넣고
자판기에 손 한번 넣었다
한 사람의 인생이 인쇄되었다
빚쟁이로 살 거라고
쓸쓸하게 보낼 거라고
종이 위에 적인 글자들이 말한다
젊음이 종이를 찢었다
수줍음 많은 A형이다
이십대의 열정이 가슴에 가득했다
무시하고 잊었는데
25년 지난 지금
눈앞에 그 모습이 서 있다
남의 빚이 내 빚이 되었고
편한데 다른 이는 쓸쓸하게 읽는다

천 원이라 잘못 인쇄됐다

## 214 – 旅

배낭 끈이
어깨를 깊게 파고든다
책 한 권 들었는데
무겁고 무거워
가방 열고 확인해도
달랑, 책 한 권이 잡힌다
걷다 보면
어깨가 슬며시 내려간다
나 모르게
누군가 돌덩이라도 넣었는가?
다시, 열어 봐도
책 한 권이 들어온다
행선지 이름이
눈길마저 무겁게 만든다
매표소 앞에서
배낭의 무게만큼
먼 곳의 표를 끊는다

## 제3부 로데오

외롭지 말라고
다른 나무를 심는다
의지하고 살라고
마주 보고 나무를 세운다

# 215 – 터

갈대가
겨울바람을 일으킨다
나루터 가는
강변을 가로지르는 길이 없다
허연 꽃만이 즐겁다
강 건너온 바람이
새로운 길을 만들지만
사람이 뒤를 따르지 않는다
물살이 뭍으로 달려든다
소리 없이 물거품이 땅을 밟는다

## 215 – 歸


귀향이다

뿌리를 박고
바람을 맞으며
새들과 조잘거리던 땅이다
콘크리트 더미에
아스팔트 포장에 밀려
산골짜기로 쫓겨간 지 반세기
이제,
아파트 한구석을
주인처럼 인심 쓰듯 내놓는다
주인도 몰라보고 주인 행세다
바람도 막고
햇살도 자르면서
눈길 한 번 주고
주인 노릇 다했다고 한다

오늘도 뿌리는
예전 집 우물을 찾는다

## 215 – 橋

다리가 강을 건넌다
다리가 도시를 가른다
다리가 지하로 스며든다
몇 가닥의 전깃줄이 다리를 건넌다
가로수 가지가 다리 위에 걸터앉는다
빌딩이 다리에 그림자를 새긴다
구름이 다리에 걸리고
푸른 하늘이 다리 위로 내려앉는다
차들이 다리를 달려가고
사람들이 다리 위를 걸어간다
사람들이 다리 밑으로 쉬러 간다

# 215 – 떼

'장미 3차 맨션'
이름표의 대문 기둥
허리에 긴 담장을 감는다
기둥 사이
등나무 줄기가 다리를 놓는다
반만 열린 철문은
사람만을 허락하며
인도와 하나가 된다
담장 위에 시간들이
햇살을 차곡차곡 쌓는다

# 216 – 樓

뭉텅뭉텅
잘린 아픔이
가로수 줄기마다
슬픔이 되어 부풀어 오른다
아침에 붓기 같은
일상의 힘겨움에 지친
가로수 위로 마천루가 세워진다
유리창이 기어오르고
허리는 노란 허리띠를 졸라맨다
세 대의 크레인은
하늘을 쪼아 탑을 쌓아 올린다
태양이 슬며시 비키고
바람은 거칠게 돌아간다
그렇게, 하늘이 구멍난다

## 216 – 園

뽕나무도 없다
잠실蠶室도 보이지 않는다
오직,
빨간색 다섯 글자
'LOTTE'가 떠 있다
하늘에 천막을 치고
새로운 태양을 매달려고 한다
놀이터는 아이들을 신나게
호텔에서 연인은 달콤함에 빠져든다
시간을 묶어 버린 백화점에서
화려한 유혹에 빠진 젊음이 진을 치고
먹고 마시고는 가족의 행복까지 진열된다

새로운 태양이 뜬다
새로운 국민이 필요하다

# 216 – 困

빌딩을 비집고
가로수가 몸을 일으킨다
곧게 세우지 못한 줄기는
쭉 뻗은 가지를 키우지 못한다
몇 번인가 굽어지고
몇 번인가 휘어진다
잘려나간 햇살을
힘겹게 가지 끝에 붙잡는다

찢겨진 바람이 쏟아진다
얇게 내린 뿌리에 힘을 싣는다

## 216 – 傳

너구리
한 마리가 하늘을 난다
모자를 쓰고
지팡이를 짚고
시커멓게 멍든 눈으로
웃음을 뿌리며 날아다닌다
햇볕에도 벗겨지지 않고
바람에도 흔들리지 않으며
한 자리에 집을 짓고 살아간다
한국 사람들 속에 미국 너구리가 산다
한국 사람들 속에서 한국 너구리가 되어 간다

# 217 – 藝

운전자를 위한 조각들이 있다
8차선 길 중앙 분리대에
예술품들이 강건하게 진열되어 있다
신호등이 허락하는
잠깐의 시간만이 관람할 수 있다
차들이 막아
다가갈 수 없는
멀리서 바라봐야 제대로 본다
곁눈질하는 차들이 스친다
차들의 눈길이 머물 때
애정의 시커먼 손때를 놓고 간다
손때가 무서워
길 가운데로 피신시켜 놓았다
특별한 사람을 위한 배려인가

차는 앞에 눈이 있다
사람은 시선을 돌릴 수 있지만
도시는 앞만 보게 만든다

## 217 - A

검은 물때가
벽을 타고 흐른다
떠나지 못한
기러기 몇 마리가
아파트 처마 위에 앉았다
긴 혀를 늘어뜨려
베란다 난간에서 먹이를 찾는다
날개 없어 날지도 못하고
외다리로 몸을 가눈다
붙박이가 되어
창 여는 소리에도
북쪽 하늘만을 응시한다

## 217 – 閉

고층 아파트가
목을 뒤로 꺾어 놓는다
위도 막아 놓고
아래는 닫아 놓고
앞뒤는 유리창으로 열어 놓는다
들어오던 바람은 멈추고
달려오던 햇살은 깨진다
열려 있으나 닫혀 있다
눈으로만 열어 놓고
마음을 열어 놓은 듯
웃음 지어내며 산다
승강기가 아니면
위로도
아래도 가지 못하고
쉬고
잠자고
감옥에서 행복해진다

# 217 – 같

깎고
걷어내고
콘크리트로 덮고
아스팔트로 포장하고
건물을 지어 놓고 행복했다

자르고
뽑아내고
평평하게 넓히고
단단하게 다지고
물건을 쌓아 놓고 행복했다

아파트 지어 놓고
빌딩을 올려놓고
그래도, 뭔가 행복하지 않아
한구석 세 주듯
흙더미 북돋아 주고는
제 맘대로 옮겨 놓고
잘 살아
같이 살자 한다

## 217 – 廣

빌딩 벽에
출석부 하나가
시끄럽게 매달려 있다

빨갛게
파랗게
립스틱 바르고

검정색
보라색
눈 화장하고는

불러 달라 소리치고
보아 달라 눈 흘긴다

## 218 – 過

잠실에 있다
한국에 있다
대문에는 올림픽 주경기장이다
이십여 년 전에
목적을 달성하고
목마름처럼
미련처럼
대문 위를 떠나지 못한다
잠실 야구장
잠실 학생체육관
현실을 살아가고 있는데
과거를 놓지 못해
오륜을 벗어 던지지 못하고
오늘을 살아간다

## 218 – 原

도시에서 달린다
아스팔트 위에서 달린다

사슴도 없는데
사람들이 달린다
호랑이도 사라졌는데
죽어라 달린다
울타리 만들어 놓고
사람들 모아놓고
쫓듯이
쫓기듯이 달린다
환호다
일등을 위해
박수가 쏟아진다
최고가 된 사람에게

숲도 아니다
사냥도 아니다
먹기 위해서도 더 아니다

살기 위해서도 더 아니다
그냥, 달린다

## 219 – 休

먼 길 달려온
목마른 말처럼
탄천에는 버스들이 머문다

무거운 짐 나른
지친 당나귀처럼
탄천에는
트럭들이 쉬어 간다

사랑하고픈
사랑하는 사람들이
탄천에 차를 세우고
커다란 스크린에 빠져든다

## 219 – 凡

삼성교 건너
강남 소방서가 보인다
특별함을 걸어놓지 않은
평범한 모습으로 서 있다
특별한 사람들을
돌보는 119 안전센터가 있다
금싸라기 건물을
지키는 소방서가 있다
셔터문 내리고
숨소리 죽이고 있다
물동이를 두고
휴식하는 머슴처럼

## 219 – 閒

동그란
돌 이정표가
거리를 안내한다
'테헤란로'
한글 글자 밑에
그림 같은
아라비아 문자가 보인다
이방인의
낯선 이 길을
반갑게 안내할까

## 219 – 꿈

별 셋이
제멋대로 휘젓고 다니는
그런 곳은 아니다
세 가지 꿈을 이룬 땅이다
한 자리
차지하고 있다는 이유로
부러움의 시선을 받는 곳이다
이 땅에 사는
부모를 가졌다는 이유로
고속도로 통행권이 주어지는 곳이다
투박함 던지고
장사꾼의 눈으로
탑을 세우고 하늘에 기도하는 곳이다

# 219 – 論

기름진 땅이 없어
못 먹고 못살았다
나눗셈이 틀려서
굶고 살지 않았던가?
넓은 도로가 없어서
배고프게 살지 않았던가?
곡식 나르는 길이
한 길뿐이라 가난하게 살지 않았던가?
씨 뿌리던 곳에
넓은 길을 만들고
콩 자라던 땅에
상점을 짓고 살고 있다
세계는 하나가 되고
넓은 땅에 곡식은 넘쳐난다
사방으로 잘 뚫린 길을
차들이 잘 달리고 있는데
모두 잘살고 있는가?

아직도
길은 한 곳으로만 뻗어 있다

## 219 – 想

활주로 없이
관제탑을 세운다
사람들이 모여든다
빨간 가방을 메고
검정 가방 끌고 줄을 선다
패스포트 내밀면
검색대 위에 짐들이
미끄러지듯 안으로 밀려간다
게이트가 열리면
사람들은 플랫폼으로 나간다

## 220 - 追

큰 길에서
쫓겨난 전신주들이
골목길에 숨어든다
거미처럼
처마마다 줄을 걸친다
나뭇가지 없어
힘겹게 줄을 당긴다

## 220 – 별

청담사거리
이정표가 보인다
길 따라
이국의 문자가 쏟아져 내린다
옥토끼를 키우는
별나라 사람들의
불빛 같은 시끄러움이 귀를 때린다
입은 두 개
이마 위에 눈을 달고
우주를 떠다니는 외계인이 아닐까?

# 220 - 樹

강남은
가로수를 행복으로 키운다
매연으로 가득한
경계석 옆에 심지 않고
인도 가운데 뿌리를 덮어 준다
외롭지 말라고
다른 나무를 심는다
의지하고 살라고
마주 보고 나무를 세운다

## 220 – 母

가로수가
둥지 하나를 품다

아직,
잘리지 않은 가지에
부풀어 오른
젖가슴처럼 매달려 있다
가슴 열어 놓은
엄마처럼 자리를 지킨다

## 220 - 勸

높이는
외로움을 만든다
푸른 전망이 창문에 걸리고
원색의 바람이 눈을 적시지만
그러나, 햇살은 하늘에서 내려온다
푸른 숲의 시끄러움도
내게 올 때는 줄 서서 단정하게 들어온다
계단을 오를 때마다 단추를 채우고
문을 지날 때마다 머리카락을 묶는다
다른 얼굴 같은 모습으로
내 앞자리에 앉는다
보고 또 보고
일상이 외로움을 만든다

# 220 − R

자고 나면
새로운 바람이 불까?

눌려 있는 것들이
걸음마를 시작하고
백색 광선이 무지개를 만든다
울타리가 지워지고
대문마다 빗장이 풀어진다
무엇이
세상의 새싹이 되어
삐죽삐죽
고개 들어 키재기를 시작한다
우리를 가두지 않고
날을 세우지 않는 투명함

르네상스 호텔에서 자면
테헤란로에 연민이 올까?

# 220 – 出

원색의 옷들이
문 밖으로 나섰다
두툼한 옷들이
길가에 모여 있다
'오만 구천 원'
이름표를 달고
테헤란로 한 자리를 점령한다
언덕길 한 곳에
옹기종기 모여 앉았다
시끄럽게 떠들어도
주인은 밖을 내다보지 않는다
유혹의 눈길을 보내도
행인은 그냥 스쳐 지나간다
지치고 지치면
기대고 품으며 잠이 든다

## 221 – 金

배부르지 않다

입술 적시며
미소를 만들지도 못한다
그래도, 사랑한다
몸을 감싸 안으며
따스함을 품지도 못한다
그래도 좋아한다

배부르지 않지만
가슴을 든든하게 해준다
달콤하지 않지만
얼굴을 행복하게 해준다
따뜻하게 못하지만
끼워 주면 안게 만든다

흙 속에 돌인데
세상을 움직이는 힘이 있다

# 221 – 별

별이
이야기를 만든다
어둠을 이겨낸
상처마다 이야기가 고인다
시간과 싸우던
외로움을 견뎌 온
마디마다 이야기를 채운다

별은
커피를 만든다
도시의 거리에서
손을 따뜻하게
입을 시원하게 한다
사랑이 모이고
외로움이 녹는다

## 221 - 특

내 것이 없다
햇볕마저도 주인이 있다
먼저 본 사람이
처음 만든 사람이 주인이다
아니
'특'이라는
종이 한 장 가진 사람이 주인이다
10년이 지나도
20년이 흘러도 주인이다
아들까지 손자까지 주인이다
세상에 없던 것이 아니다
처음 본 것이 아닌데
종이 한 장으로 주인이 되었다

세상에 내 것은 없다

## 222 – 街

넓은 인도가
자리를 양보한다
나무 깔고
앉을 자리도 만든다
작은 나무도 심고
가로수에 잎새도 달아 놓는다
바쁜 길 쉬고
무거운 마음 놓고 가라고
테헤란로 인도 위에
자리를 만들었다

# 222 – 名

이름만이
명성을 붙잡고 있다
작은 모습으로 지킨다
건너 빌딩은
아침을 가리고
옆 건물은 저녁을 막는다
조각난 하늘을 이고
거꾸로 자라는 시간 위에
이름표가 빛난다
'강남제일빌딩'

# 222 – 길

길이 없다
오른쪽 가는 길도
직진하는 길도 끊어졌다
건널목 대신
수많은 차들이 서 있다
앞에서 손짓하는데
마주 보고 만날 수가 없다
사라져야만 손잡을 수 있다
지하상가 화려한 불빛을
쬐고 나와야만 볼 수 있다

강남역 사거리 길이 없다

## 222 – 惑

여왕이 있는가
벌 떼처럼 모여든다
불이 켜지면
나방같이 모여든다
삐죽삐죽 지상 위로
얼굴들이 솟아오른다
어깨는 부딪치고
총총걸음 만들어진다
청춘이 모여든다
열정이 끓는다
먹고 마시고
떠들고 웃는다
빈자리 없는 풍경이
일상처럼 익어 간다

## 223 – 遠

간판 하나
화살표를 품는다
대한법률구조공단
그리고
130m
들어가는 길보다
돌아나오는 길이 더 멀지도 모른다
무거워서
답답해서
못 돌아올지도 모른다

## 223 – 辯

금배지의 이름이
여기저기 뒹군다
창문에 달라붙어 빛을 쬐고
벽을 타고 오르기도 한다
흔하고 흔한 것이지만
만나기 어렵고
이야기하기도 힘들다
답답함을 털어놓기에는
시간은 빠르다
주머니 속 시간은
가볍게 덜렁거린다

## 224 - 判

유리창이
대리석 건물을 누른다
명석함보다는
기억력이 좋은 사람들이 머문다
법전을 머릿속에 넣고
수많은 판례를 파일처럼 저장한다
'왜' 라는 말보다
'어디에' 고민을 놓는다
방탄복을 입는다
법이 모든 책임을 진다
사람은 책임지지 않는다
법은 언제나 공평하다
법이 최선의 선택이다
저항할 수 없는
범법자라는 낙인을 든다

높은 자리에서

## 224 – 廳

뉴스 화면에
브라운색 건물이 나온다
세상의 눈들이 모인다
이름이 오르면
해명을 필요로 하지 않는다
얼굴이라도 비쳐지면
붉은 낙인이 찍힌다
학자의 굳건함도 무너지고
소녀의 꿈도 물거품이 된다
귀머거리 되고
장님이 되는 세상이다

브라운색 벽에
이름이 클로즈업되고
얼굴이 하루 종일 걸린다

## 225 - 園

산 밑에
의자 몇 개를 심는다
작은 울타리로
경계선을 지어 놓는다
고기는 이름 달고 있다
'명달 가로 공원'

## 225 – 힘

얼마나 망설였을까?
최고가 될 수 있는데
마음을 내려놓고
빈 가슴 만들려고
오늘도 가부좌를 튼다

제4부 디지털

가야만 하는 길을 걸어야 한다
가고 싶은 길은
마음속에 감추고
마음만이 가야 하는 길이다

# 226 – 果

바람이 덥다 덥다 해서
문도 안 달고 산다
과일이 춥다 춥다 하는데
거리로 내몰다
빨갛게 홍조 띠고
노랗게 웃음 짓고
향기로 인사를 한다
대답이 있어도
대답이 없어도
눈빛은 언제나 상냥하게

## 226 – 꿈

이정표는
왼쪽을 가리키며
예술의 전당을 알려 준다
흥겨운 사람을 만나고 싶다
달콤한 이야기를 보고 싶다
발걸음이 머뭇거린다
가는 길은 사당이다
사당에서 수원으로 가야 한다
집이 사는 곳으로
다시 오른쪽으로 걷는다
소중한 것이 있는 길이다
그런데
눈은 다른 길을 쫓는다
가지 않은 길이다
가고 싶은 길이다
그러나
가야만 하는 길을 걸어야 한다
가고 싶은 길은
마음속에 감추고
마음만이 가야 하는 길이다

# 226 – 집

고가도로 너머
빨간색 버스가 줄을 선다
우르르 우르르
바쁜 걸음들이
급하게 지하로 스며든다

고가도로 건너
하늘색 버스가 늘어선다
터벅터벅
지친 발걸음이
느리게 지하를 빠져나온다

## 226 – 離



검은 상복이
그녀의 어깨를 누른다
서글픈 눈이 인사를 대신한다
끌리는 치맛자락 사이로
하얀 발목이 보인다
어떤 말을 할까
소주 한잔을 들이키며
비켜섰던 마음을 깨운다
가슴이 달려가는데
이성에 붙잡힌 그를 본다
퇴색한 이야기처럼
붉은 입술을 연다
담담한 단어들이
그녀의 상복 위에 달라붙는다
그녀는 아버지를 보내고
나는 그녀를 보낸다

## 227 – 人


큰길 위로
다리가 놓였다
산과 마을을 잇는다
사람 중심 관악 특별구에서
사람만 다니는 다리를 놓았다

## 227 – 길

언덕으로 가는 길은
좁은 길이다
큰길은 큰길로 이어지고
작은 길은 언덕으로 이어진다
언덕길은
뚜벅뚜벅 발소리를 만든다

## 227 - 星

누구의 기도인가
하늘의 별은 감동했다
아버지의 걱정을
딸의 사랑을 보았다
고려 양주 땅 산자락에 떨어졌다
북쪽에 몰아치는
차갑고 사악한 바람을 막았다
엄마의 걱정을 덜고
아들의 사랑을 지키고
다시, 별이 되었다

# 228 – 入

얼마를 말하는가?
10미터
아니면 100미터
입구와 건물 사이 거리
기준 없는 거리가
가는 길을 방해한다
걷고 걸어도
건물이 보이지 않는다
언덕을 넘고
한참 더 걸어가야
입구가 보인다
건물이 많아서
정문까지 가는 길도 길다

입구는
신용을 잃었다
정체성을 버렸다

# 229 – 빵

뚜레쥬르
고소한 소리가
간판에 매달린다
진열장
따뜻한 열기가
문을 열고 뛰쳐나온다

## 230 – 惑

산기슭
아카시아나무를 버려 두고
가로수
플라타너스 위에 집을 짓는다
사람 좋아서
불빛에 끌려서
가지를 날라
얽히고설켜
가로수에 집을 짓는다

# 230 – 빕

좁은 골목길 앞
큰길 옆 빕스가 있다

골목길
사람이 마주치면
어깨 하나를 내준다
찌개 끓는 소리가
골목길을 건너간다
화장실 가는 것도
조심스러운 집이
따개비처럼 붙어 있다
대문도 없이
현관문 열고 들어서는 집이다

빕스 주차장에
차들이 졸고 있다

## 231 - 婚

지하철 교각 하나
서방 삼아 살림을 차렸다
백발에
꺾어진 허리로
저녁상을 준비한다

주름진 손으로
호박 놓고 파 다듬는다
지나가는 사람이 달라면
반갑게
한 봉지 담아 주는 새색시
분주스러운 손길이
다시,
저녁상을 차린다

# 232 – D

가운데다
소리친다

사람들이 움직여
오른쪽에 놓기도 하고
왼쪽으로 밀기도 한다
내 자리는 시소를 탄다
가운데
중심을 잡고 사는데
좌측으로 알고 우측으로 생각한다

0.5쯤에
나는 좌표를 정하였는데
0에 가깝다든지
0에 멀다고 한다
0.1은 0이고 0.6은 1이다
분명,
0과 1 사이는
가득 채워져 있는데

0과 1만 인식한다

가운데 있는데
0이거나 1이다

## 232 – F


거리는
기억하지 않는다

석유 냄새 구르던 하수구
구름 만들던 굴뚝은 잊었다
전망 좋은 넓은 창
편안한 안락의자를 생각한다
때묻은 작업복 입고
늘어진 담벼락 길 걷다가
가끔 만나는 가로등의 반가움도 잊었다
낮은 담장 너머
꽃을 피우는 장미
하얀 목련나무 몇 그루가
백년의 시간처럼 자리를 차지하고 있다
정문 경비실 앞에서
쭈뼛거리던 불편한 시간을 잊어버렸다
시간을 카페에 묶어 놓고
원두커피 속에 이야기를 넣는다

거리는 채석강이 된다

# 233 – 變

큰 숲으로 가는
좁고 가는 길이 있다
시간이 나무 자르고
바람은 흙을 나른다

새가 날고
노루가 지나가던 길
사람이 걸어가고
자동차가 달려간다
길림 사람들은 큰 숲으로 모여든다
하나 둘 집을 짓고
식탁을 차리고 가족을 부른다
숲은 길림의 목소리로 채워진다
길림의 노래가 흐르고
길림의 욕설이 뒹군다
토끼도 사슴도
깊은 숲 속으로 숨어든다
큰 숲은 길림숲이 되었다

## 233 - 密

물이 흐른다
길 따라 살아간다
갈대를 키우고
잉어 기르고 오리를 품는다

물길이
교각을 세운다
그림자가 교각 뒤에 숨는다
비밀은 그림자가 된다

물이 사랑을 유혹한다

## 234 – 城

아침마다
도성의 문이 열린다
바닷바람 묻히고
가방 하나 메고 달려온다
들녘 내음 털어내며
터벅터벅 걸어온다
겨우,
에스컬레이터에
몸을 싣지만
어깨가 밀고
엉덩이가 부딪친다
위태로운 손잡이를 잡는다
성 밖 시간은 거칠게 흐른다
들녘의 햇살은 고슴도치처럼 달려든다
성곽이 바람을 막고 햇살을 거른다
해 뜨기 전에
바람 불기 전에
도성 안에 있어야 한다

문을 지나야
내 자리가 있고
나의 식탁이 있다

## 235 – 忍

홍얼 홍얼
물레가 돈다

푸른 유월은
사각사각 사라져 간다
몇 번의 잠을 자고 나면
날개깃을 만들기 위해
동그란 햇살을 만든다

스륵 스스륵
광섬光纖을 감아올린다

# 235 – 틈

한 뼘 너머
그녀가 서 있다

많은 시간이
시침 위를 뛰어갔는데
징검다리처럼 움직이지 않는다
물살이 흐르는 것도
시간이 모자란 것도 아니다
살짝 몸만 기대면
무너져 버리는 거리인데
밀려나고 끌려간다
사랑이라는 울타리는
튼튼하게 우리를 지키는데
그 보이지 않는 무엇

이유는 틈을 만든다
온전한 사랑

## 236 – 憶

공원
소나무 위에
운동화 하나가 매달렸다

영등포공고 축구부

# 236 – 맏

큰형이
서울로 이사를 갔다

산골 마을
가난한 집안의 장남이
단칸방에 아내와 아들을 재운다
어린 동생들이
형 집 옆에 방을 얻었다
같이 먹고
한 물에 빨래하며 살았다
다 떠나보내고
단칸방을 벗어 버렸다

부모님 보내고
큰형 곁에 모여 산다

## 237 - 望

뱃길이 다니는
가족을 위해
기도를 들어주던
큰 나무는 사라지고
이름만이 자리를 지킨다
뱃길은 끊어지고
물결만이 바다로 흐른다

## 237 - L

세상보고
눈 감으라 하지 않고
내가 눈을 감고 사랑한다
앞만 보고
멀리 보지도 않고
눈 돌릴 틈도 없이
내 앞 이 사람을 사랑한다

## 237 – 와

그녀는
철교 밑을
떠날 줄 모른다
달빛이
열차 소리에 맞춰
강물 위에 그리는
반짝반짝 춤사위에
와— 소리로 몸을 세우고

제5부 카페

화려했던 지나간 시간을
떠나보내지 못하고
톡톡
아름다운 시절을 살려 낸다

# 238 – 情

몇 드럼의
아드레날린이 필요한 것일까
푸른, 빌딩을 세웠다
분열이 갈증을 부른다
손톱이 닳도록
모래톱을 파헤친다
한 줌
목마름이 채워지면
사람들이 사라져 간다
웅덩이마다 물이 고이고
또 다른 생명이 찾아든다
하루살이 같은 시간이
잠시 머물다 사라진다
집이 지어지고
불을 지피는
마을이 만들어지지 않는다

## 238 – 信

이름이
그날을 기억하고 있다
하나를 얻으려고
전부를 버렸던 사람
선했던 눈동자를 기억한다
아버지 엄마 그리고 아들까지
모두 그렇게 함께 가는 길이기에
눈물로 노래하던 그 땅을 기억한다
노을처럼 붉게 물들어 가는
어느 평화로웠던 그날을 기억한다
산은 홀로 보고
아파하고 가슴에 묻었다

## 239 - 紅

깃발이다

하늘 가운데
대나무를 꽂고는
침묵의 시간과 마주 선다
구름이 흘러가도
경직된 몸은 스스로 풀리지 않는다
하나 둘 사람들이 모여든다
물결이 일고
바람이 분다
심장이 피를 퍼올리면
붉은 깃발이 펴진다
젊음이 하나가 되어
깃발을 춤추게 한다
빌딩마다 붉은 숨을 쉰다
열기는 붉은 바다를 만든다
젊음은 뜨겁기에
발을 구르고
손을 흔들면서

춤 속에, 환호에 빠져든다
시간은 비켜가고
달도 멀리서 머문다
열정만이 존재를 뛰게 한다
알록달록 젊음이 붉게 물든다

# 239 - 왜

젊기 때문에
거기에 가지 않는다
사람들이 있기에 간다
음식이 맛이 있어서가 아니라
맛있게 먹고
행복해하는 사람들이 있어 간다
신나는 곳이 있어 모이는 것이 아니라
신나게 놀고
즐거워하는 사람들이 있어 모인다
나이 놓고 오늘은 잊고
행복해지고 싶어
행복한 사람들 곁으로 찾아든다
즐겁게 살려고
본능처럼 홍대로 간다

## 240 - 熱

열정이 모여든다
오거리는 차들의 숨소리로 가득하다
인도를 메웠던 어깨동무는
보도블록 위에 엷게 지워져 간다
늘씬한 다리의
향기나는 발걸음이
경쾌한 소리를 울린다
운동화와 구두 사이에 시간이 흐르고
야상 잠바와 스포츠 웨어 사이에
몇 층의 시계탑이 세워졌다
시침과 분침은 그대로 거리를 향하는데
그 거리는 언제나 다른 눈길을 보낸다
우리는 잠들고
나는 신나게 뛰어간다
중앙을 향해 달려오던 거리는
이제, 밖으로만 달려 나간다
하나로 물들던 바람은
분열을 멈추지 않는다
같으면 안 된다는 이유로
시간이 채색되어 간다

## 241 – W

배꽃 물결이
가득 채우던 동산이었다
옥양목 같은 마음이
길 위를 가득 채우던 시간이었다
푸른 잎새 위에 흰 꽃을 피우고
가로수는 무지개를 걸어 놓았다
소곤소곤
낮게 흐르던 목소리는
스피커처럼 거칠게 뛰어다닌다
안으로 고이던 마음은
갈등으로 샘물을 찾아다닌다

## 242 - 憶


고가도로 밑에
왼쪽으로 돌아서
언덕 오르는 길
어디쯤에 그녀가 산다

크리스마스 이브
클래식기타를 치며
'알함브라 궁전의 추억'을
이야기하던 그녀가 산다

어느 겨울날
책갈피에 넣어 둔
대천행 열차표를
열어 보지 않았던 은주가 산다

# 242 – S

고가高架를 달리는
차들의 소리에
뒹구는 먼지에
모두 떠나간 자리에
커다란 앞 창문을 막고
자그마한 출입구 하나 단다
'언약' '촛불' '블루' '포인트'
이름을 매달고
분홍빛 등 하나 켜 놓는다
문 닫고 사람을 기다린다
어둠이 내리고
비라도 내리면
빼꼼히
닫힌 문 열고
고개 내미는 초로의 신사를 맞는다
탁자 위에
몇 병의 맥주 올려놓고
지나간 젊음을 이야기한다
불만 많던 시절을 그리워한다

술잔을 부딪치며
밤의 침묵을 깨뜨려 본다

# 242 – 陵

언덕이 사라진다
토닥토닥
손잡고 오르던 길이
잠시 쉬어 가던
길가에 대문 턱이 없어진다

누구에게나
방 한 칸
부엌 한 칸 내어 주며
햇살 몇 올
바람 몇 줌 챙겨 주던
언덕이 파헤쳐진다

선택 받은 자만이
햇볕을 받고
바람을 가진다

육중한 빌딩만이
세상을 독점한다
사람들을 내려다본다

## 243 - 寂

⑥번 출구를 나서면
'제미니슈퍼'가 보인다
슈퍼 앞 인도에
파라솔이 펼쳐져 있고
노인 세 명이 앉아 있다
탁자 위에는
소주 한 병이 비워져 있다
찢겨진 봉지를
멸치 몇 마리가 빠져나간다
열차가 발밑을 흔들어도
출입구의 나서는
몇 사람의 발소리가
거리를 깨우지 않는다
오후의
풍경이 채색되어 간다

## 243 – 懷

커버도 벗겨지고
날개도 빼앗긴
선풍기가 차도를 바라본다
토닥토닥
구부리고 앉은 노인의
손 만드는 소리가 여유롭다
아스팔트 열기를
자그마한 선풍기로 맞서며
삐걱삐걱
선풍기를 만진다
화려했던 지나간 시간을
떠나보내지 못하고
톡톡
아름다운 시절을 살려 낸다

## 243 – 忠

할머니
정화수 한 그릇 놓고
천지신명께 손 모아
빌고 빌었다
부모 보살피고
자식 거두면서
마음 빌며 살았다

아버지
자본주의 깃발 아래
마음 주고
온몸을 던졌다
부모 끼니 챙기고
자식 학교 보내고
힘줄 세우며 살았다

아들
기도하지 않는다
순종하지도 않는다

커다란 열린 동공과
빠른 손놀림으로
디지털 문화의 시종이다
상상만을 추종한다

## 201-H

발행 ǀ 2015년 8월 26일
지은이 ǀ 이광수
펴낸이 ǀ 김명덕
펴낸곳 ǀ 한강출판사
홈페이지 ǀ www.mhspace.co.kr
등록 ǀ 1988년 1월 15일(제8-39호)
주소 ǀ 서울시 종로구 인사동길 5, 408(인사동, 파고다빌딩)
전화 735-4257, 734-4283  팩스 739-4285

값 11,000원

ISBN 978-89-5794-309-0 04810
　　　978-89-88440-00-1 (세트)

※저자와의 협약에 의해 인지는 생략합니다.
※이 도서의 국립중앙도서관 출판예정도서목록(CIP)은 서지정보
　유통지원시스템 홈페이지(http://seoji.nl.go.kr)와 국가자료공
　동목록시스템(http://www.nl.go.kr/kolisnet)에서 이용하실 수
　있습니다.(CIP제어번호: CIP2015022834)